Opportunités commerciales

en temps de crise

Contenu

Comment entreprendre et tirer parti des opportunités commerciales 5

Conseils pour développer une opportunité commerciale 10

Tendances des entreprises productives basées sur les logiciels 13

Ce que vous devez savoir sur le crowdfunding 20

Découvrez comment déterminer le niveau de financement d'une entreprise 22

Comment financer le lancement commercial d'un projet 24

Idées d'entreprises pour chaque secteur productif 30

Innovations et services à forte marge bénéficiaire 40

Les entreprises les plus viables en temps de crise 51

Les raisons pour lesquelles les crises sont bonnes pour les créations d'entreprises 57

Comment entreprendre face aux difficultés 58

Les opportunités commerciales à saisir pendant la crise 65

Types d'entreprises à créer dans le secteur de la consommation 67

Des entreprises capables de survivre à une pandémie 71

Comment exploiter le commerce rentable de la vente de biens d'occasion ? 79

Comment financer une entreprise sans l'aide d'investisseurs ou de la banque ? 81

Comment créer une entreprise attrayante 84

Les devoirs de contrôle des finances d'une entreprise 88

Opportunités commerciales en temps de crise

D'importantes opportunités commerciales apparaissent dans le monde, grâce à une grande variété de secteurs actuellement en plein essor. Vous devez donc savoir comment tirer parti des idées commerciales les plus susceptibles de changer votre vie.

En connaissant le sujet qui génère les meilleurs résultats économiques, vous pourrez consacrer votre attention et vos efforts à la réalisation de ces idées, afin de faire partie de l'entrepreneuriat global qui peut être développé dans l'environnement numérique, où il existe de nombreuses alternatives pour investir librement.

Comment entreprendre et tirer parti des opportunités commerciales

Profiter des opportunités d'affaires est à la portée de tous, mais la facilité ou le niveau de réussite n'est pas le même pour chaque entrepreneur, donc pour mieux affronter ce chemin, il est vital de prendre en compte différents facteurs, cela implique que chaque phase d'une entreprise est un point de départ à estimer.

Les phases de l'entrepreneuriat peuvent être adaptées à n'importe quelle idée d'entreprise, de sorte qu'il n'est pas imposé comme un modèle rigide, mais peut être personnalisé aux techniques d'analyse des résultats qui fournissent un plus grand succès, en considérant les phases suivantes :

- **Analyse SWOT**

La matérialisation de l'analyse SWOT, à première vue peut sembler très basique, mais il vaut la peine de considérer un par un les faiblesses, les forces, les menaces et les opportunités auxquelles une entreprise est confrontée, étant un point de vue plus large pour travailler pour une amélioration, en faisant un tableau avec ces quatre points, vous pouvez prendre note de chaque aspect.

Ce processus d'évaluation d'une entreprise peut être réalisé dans un laps de temps très court, ce qui vous permet d'en savoir plus sur le projet, l'équipe et les exigences du secteur, et de vous faire une idée précise du contexte ou de la situation à laquelle l'entreprise doit faire face.

- **Choisissez une idée d'entreprise qui vous passionne et pour laquelle il existe un marché.**

Une idée d'entreprise nécessite de la persévérance, il est donc essentiel de choisir une voie qui puisse éveiller la passion, afin que ce dévouement de temps ne soit pas perçu comme une torture, il est surtout basé sur le fait de faire ou de prêter attention à ce que l'on aime, et à cette question, nous ajoutons l'équation d'avoir un public potentiel, pour en faire une entreprise rentable.

Tant qu'il s'agit d'un type d'activité avec suffisamment de clients, vous pouvez choisir de générer un flux important de ventes, jusqu'à définir une niche qui vous permet de réaliser une action commerciale agréable, il suffit d'avoir une part de marché viable.

- **Choisir une idée d'entreprise**

Une fois que vous avez le désir de créer une entreprise, la prochaine chose à faire est de consacrer du temps à la mesure de l'idée d'entreprise, c'est un point clé qui doit être passé par les points précédents pour mesurer son succès, afin que vous puissiez continuer dans l'établissement d'une entreprise attrayante, en maintenant un état d'esprit puissant.

La meilleure astuce pour choisir une idée d'entreprise efficace, c'est qu'il s'agit d'une solution ou d'une réponse à un besoin, ce qui permet de détecter une large marge de rentabilité, car toute plainte ou exigence non satisfaite peut être monétisée, ce qui aide chaque entreprise à obtenir une échelle positive pro analyser les plaintes du marché.

Au milieu de cette décision sur l'idée d'entreprise, vous pouvez penser à un sujet qui fonctionne dans un autre endroit, en plus d'avoir une sorte de suivi thématique, en plus de lire les tendances qui aident à suivre la ligne d'attraction, et toute autre forme de mesure.

- **Validation de l'idée commerciale**

Une fois qu'une idée d'entreprise a été identifiée, la prochaine chose à faire est de la valider, il s'agit d'une étude préalable à l'entreprise, d'autre part vous pouvez mettre en œuvre des outils qui peuvent être appliqués pour faire connaître l'entreprise dans le style, pour mesurer l'impact du thème d'une entreprise.

- **Moyens de concurrence différenciés**

Derrière chaque idée d'entreprise, il y a un niveau de concurrence, pour cette raison, il faut s'assurer d'apporter quelque chose de nouveau qui a de la valeur, aussi si c'est un secteur occupé c'est parce qu'il génère des profits, à partir d'une approche unique, de sorte qu'au lieu de se battre avec la concurrence, vous pouvez vous démarquer avec vos vertus.

- **Spécialisation**

Tout type d'entrepreneuriat nécessite une spécialisation, afin de pouvoir créer une offre beaucoup plus concrète, pour cela il est essentiel d'éveiller son approche multitâche, en cherchant à se démarquer de la concurrence, et en laissant de côté cette classification générique, qui permet de se connecter avec un plus grand nombre de clients.

La croissance dans ce domaine commercial dépend directement de la présentation en tant qu'expert qui peut être faite, et avec une certification plus élevée, des charges plus élevées peuvent être incorporées.

- **Établir le buyer persona**

La représentation fictive d'un client est d'une grande aide pour se concentrer complètement sur la couverture des besoins, il est beaucoup plus facile de se postuler comme intéressant pour le public cible, quand on le connaît en profondeur, ce type de découverte des qualités est très utile.

Conseils pour développer une opportunité commerciale

Aujourd'hui, pour se démarquer et progresser, il faut s'enquérir des idées les plus porteuses, des tendances qui peuvent servir d'inspiration pour créer une entreprise, voire des projets qui ont le plus grand essor pour atteindre le niveau de développement attendu.

Une fois ce type de recherche ou de découverte effectué, il ne reste plus qu'à étudier comment l'appliquer et conquérir le marché choisi, pour cela il est indispensable d'analyser chaque modèle d'entreprise, afin de pouvoir reproduire efficacement un exemple réussi, pour chaque activité commerciale, il suffit de s'adapter.

Avant de lancer une idée d'entreprise, vous devez mettre en œuvre les conseils suivants afin de la réaliser efficacement :

- **Adaptation géographique**

Un premier point à souligner est qu'une opportunité d'affaires peut générer un boom dans certains endroits géographiques, mais cela ne signifie pas que lorsqu'elle est mise en œuvre dans d'autres zones géographiques, elle aura le même potentiel de succès, pour cette raison, il est nécessaire d'enquêter sur les obstacles de ce secteur et d'étudier la faisabilité de l'idée.

- **Apprenez à connaître le modèle d'entreprise**

Une simple idée d'entreprise ne prend pas vie si vous n'étudiez pas plus en détail ce que représente ce modèle d'entreprise, car c'est ainsi que vous pouvez découvrir une partie qui peut être adaptée à cet environnement, ou qui vous permet de concevoir une stratégie pour que le développement de cette idée soit rentable.

- **Choisissez ce qui vous passionne**

Face à une telle diversité d'entreprises, une méthode de choix correcte consiste à revoir votre parcours personnel et votre passion, afin de vous orienter clairement vers une opportunité d'affaires, en utilisant au maximum votre expérience dans ce secteur, afin de pouvoir y consacrer plus de temps sans vous ennuyer, mais avec plus de passion.

- **Le facteur financier est une variable**

Le développement d'une opportunité commerciale dépend également de la proportion du budget nécessaire à cet effet, il est donc important de prendre en compte le type de ressources requises pour ce modèle commercial spécifique, ce qui aide à trouver les investissements qui fonctionnent comme une impulsion commerciale.

• Analyser le marché et la concurrence

Chaque opportunité commerciale doit être estimée en fonction du niveau de concurrence existant, en particulier dans le lieu où elle sera développée, en plus de la façon dont d'autres entreprises similaires fonctionnent, peut être utilisée comme un exemple lui-même, c'est une vision améliorée et réelle de l'endroit où vous cherchez à arriver.

• Prise en compte des membres

Pour faire partie de certains marchés, il est vital d'avoir des partenaires pour avoir une plus grande participation, parce que certains modèles d'affaires ont besoin d'avoir plus de soutien lors du lancement et du positionnement, il est essentiel de chercher à aller loin avec des alliés, plutôt que d'aller seul dans certaines entreprises et décadences.

Chacun de ces conseils sont des estimations d'analyse, afin qu'une opportunité d'affaires puisse être mise en œuvre avec une plus grande productivité, car chaque idée peut être innovante et avoir un grand pouvoir économique, mais si elle n'est pas appliquée de manière adéquate et réfléchie, elle ne générera pas les résultats escomptés.

Tendances des entreprises productives basées sur les logiciels

Le marché moderne présente d'importantes tendances, qui représentent un véritable boom en raison du niveau de bénéfices et d'avantages qu'elles génèrent pour les gens. C'est pourquoi elles deviennent une alternative que vous devez prendre en compte, pour penser à une entreprise liée à cette tendance ou l'incorporer à toute activité.

1. Appliquer le Big Data pour réussir le crowdfunding

Chaque campagne de crowdfunding qui cherche à atteindre ses objectifs repose entièrement sur le big data, bien que ce secteur soit encore en pleine recherche pour les entrepreneurs, mais il s'agit d'une alternative clé pour les campagnes commerciales afin d'obtenir une grande marge de succès, jusqu'à atteindre les résultats commerciaux prévus.

Le développement d'une campagne de crowdfunding peut se refléter ou se concrétiser à travers des plateformes qui facilitent cette tâche grâce au big data, car il s'agit d'un système à travers lequel les données sont analysées en temps réel, étant utiles pour que l'organisation d'une campagne soit efficace.

En ligne, il existe une pléthore d'options de crowdfunding, permettant d'accorder une subvention de 500 000 dollars, afin que n'importe qui puisse avoir un lancement commercial, et puisse ainsi atteindre une idée commerciale à grande échelle, les opportunités abondent aujourd'hui.

2. **Le monde des applications**

Le dévouement ou l'incursion dans le monde des applications, l'un des aspects ou besoins les plus courants, est que chaque application est cherchée à sortir de cette vie ou fonction zombie, ce genre d'inactivité doit être corrigée à temps, surtout parce que c'est un manque de prévoyance de la part de son concepteur.

Ce genre de situation peut rendre complexe la tâche ou l'objectif de développement, ainsi que le type de marketing qui peut être fait sur une application, même la monétisation, ces aspects sont contrôlés avec les solutions Appurify afin que les développeurs aient la possibilité d'avoir un test à distance.

À travers le nuage, les applications natives, les applications web, et même sur les dispositifs iOS et Android, d'autre part, il y a aussi la fonction de Google Ventures, dans cette classe de logiciels se pose Testim, étant une option qui utilise l'intelligence artificielle pour assurer la création, l'exécution, la maintenance et les tests de performance.

Ce type d'études, aide l'application à passer les paramètres de fiabilité, et facilite également sa classification, donc connaître et utiliser ces logiciels est une mesure profitable, une autre option est Wisebatt étant une plate-forme très utile pour effectuer les simulations et est aimé par les ingénieurs électroniques.

La conception des appareils, ainsi que les questions d'IoT, de sorte que ces solutions facilitent le fonctionnement sur certains hadware, tous ces efforts sont connus comme la conception ou la création virtuelle, et peuvent nécessiter beaucoup d'investissement et de prototypage.

3. **Le marché des podcasts**

Un des marchés en vogue avec un classement sous-estimé est celui des podcasts, mais avant d'opter pour cet espace, il faut savoir comment rentabiliser chaque lancement, devenant ainsi une valeur sûre, pour arriver à ce point on peut penser à deux projets ou formules.

L'un des projets d'exploitation du secteur des podcasts est Spreaker, une plateforme créée à New York, qui dispose d'une grande variété de fonctions permettant la création, la diffusion et la monétisation de créations podcast, et d'autre part, il y a Acast, définie comme une plateforme suédoise à usage libre.

Avec l'utilisation d'Acast, chaque utilisateur peut découvrir et même partager des contenus, c'est donc une opportunité pour les créateurs de trouver un bon résultat qui va booster leur popularité, sans oublier la publication ou la diffusion d'autres types de contenus en plus de l'audio, comme les encales et les images.

4. **Commercialisation des déchets**

L'action de réutiliser des produits est devenue une tendance distinguée, pour cette raison c'est une affaire rentable quand une grande partie du succès est investie, pour atteindre ce point il est vital de rechercher et d'adopter plus de connaissances sur ce secteur, aussi bien que de chercher le soutien d'un certain expert.

Dans le domaine des déchets, deux projets modèles se distinguent. Tout d'abord, Comet Biorefining est une idée canadienne qui intègre la technologie dans la conversion des déchets en sirop de glucose, un recyclage qui fournit une source abondante de sucre.

Une autre mesure intéressante est celle de CelluComp, bien que sa dynamique soit à l'opposé de la précédente, il s'agit d'une entreprise écossaise qui cherche à commercialiser des produits durables, à partir de certains flux de déchets qui font partie de l'industrie alimentaire, ce type de déchets est converti en fabrication d'articles ménagers.

5. **Le passage à un plastique beaucoup plus sain**

Au fil du temps, les dommages causés par le plastique l'ont placé comme un élément nocif pour l'environnement, et cette classification a généré une large option pour l'entreprenariat avec des lancements innovants, tels que les pailles comestibles, et une large liste de produits biodégradables.

Auara est une opportunité pour financer des projets de cette nature, puisqu'il s'agit d'une entreprise dédiée à la vente de bouteilles avec du plastique 100% recyclé, et pour cette raison je soutiens des initiatives similaires.

Une autre alternative est la société néerlandaise Avantium, où un important dévouement à la commercialisation des plastiques, ainsi que des produits chimiques, établit ce type de considération pour innover avec des plastiques à base de plantes, une nouvelle génération d'investissement.

6. **Les services publics contre les pannes d'électricité**

La perte d'argent due aux pannes électriques est un problème évident pour une grande diversité d'entreprises. Face à ces problèmes, plusieurs entreprises telles que Dispatchr, à travers lesquelles des alternatives sont fournies pour couvrir les incidents avec les réseaux électriques, et étudient la réduction de la durée des coupures électriques.

Pour cette raison, la conception d'un logiciel pour détecter toute défaillance sur les réseaux électriques, est une aide préventive de grand niveau afin que les risques puissent être réduits considérablement, c'est une analyse technologique qui laisse de côté les problèmes face aux blackouts, à cela s'ajoute l'aide de l'intelligence artificielle comme aide énergétique.

7. Voitures et villes intelligentes

Sur le marché, les aspects de l'avenir sont évalués dans les moindres détails, et l'un des éléments qui sont le plus touchés par cette évolution sont les véhicules et les villes, car des outils de plus en plus efficaces sont incorporés dans la vie quotidienne, et au milieu de cette communauté, de nombreuses informations sur le sujet circulent.

Il s'agit d'un marché très vaste, c'est pourquoi il existe des plateformes telles que Motorq, où les données mobiles sont gérées pour partager des données sur les voitures, et Applied Intuition, qui se consacre aux entreprises automobiles qui cherchent à développer des logiciels.

8. Incubateur de dispositifs médicaux

Le lancement d'un nouveau produit sur n'importe quel marché n'est pas une action sûre, pour cette raison le marché de la santé cherche des alternatives qui contribuent à un développement beaucoup plus mesuré, c'est le cas d'Inceptus Medical, un moyen par lequel les ingénieurs peuvent gérer les dispositifs à l'avance.

Le marketing prédictif joue également un rôle clé dans ces avancées médicales, à cette fin DocCheer peut être utilisé, car il est considéré comme une aide pour les dispositifs à suivre une ligne beaucoup plus personnalisée pour les clients, pour cette raison chaque nouveau dispositif médical est une quête de satisfaction.

Chaque marché, chaque aspect de la vie quotidienne a des tendances commerciales, surtout avec l'élan de la technologie, ce genre de pouvoir permet de faire naître plus d'opportunités, à la fois l'innovation et l'auto-amélioration, tant qu'il y a un attachement au logiciel, ces mesures et plus sont un point de croissance pour tout entrepreneur.

Ce que vous devez savoir sur le crowdfunding

Lorsqu'il s'agit d'entrepreneuriat, l'action de crowdfunding est à prendre en compte, car il s'agit d'un moyen de collecter des fonds pour dynamiser commercialement une entreprise, mais mener à bien une campagne de ce type nécessite des connaissances pour profiter des opportunités des plateformes disponibles pour cette activité.

Fondamentalement, il s'agit d'une technique qui réunit un grand nombre d'investisseurs, mais comme ce n'est pas un modèle traditionnel, il s'agit d'une concentration plus faible d'investisseurs, en plus des options où l'accès aux prêts est généré, mais pour atteindre ce niveau, il faut développer une stratégie idéale qui émet l'idée sur le public.

La façon de prouver le potentiel d'un produit est de le lancer sur cette observation des investisseurs, c'est une façon pour l'entreprise de finir d'exploser de façon réalisable, il faut juste promouvoir cette idée d'entreprise, en cherchant à ce que chaque projet brille par ses propres forces jusqu'à monétiser cette admiration.

Les actions de base du crowdfunding sont développées à travers des activités de collecte de fonds, d'autre part vous pouvez également lancer une campagne de crowdfunding, de sorte que pendant une période de temps vous obtenez ce niveau de financement, et ensuite exécuter un comportement d'achèvement, où les fonds reçus sont retournés.

Les types de campagne de crowdfunding, ont à voir avec une participation où les actions sont partagées, en échange du capital de l'entreprise, deuxièmement les dons se posent, étant une réception du fonds sans condition, et puis il ya le mode de récompense pour surmonter les différents niveaux pour atteindre ce plafond chiffre recherché.

Les avantages de cette ligne de progression ou d'obtention de financement, est de mesurer le potentiel d'une idée, la formation d'un public ou d'une communauté qui a de l'empathie avec votre entreprise, et est un accès facile pour avoir un financement sur votre idée ou projet.

Découvrez comment déterminer le niveau de financement d'une entreprise

La présentation d'une idée d'entreprise pour profiter d'une opportunité, doit avoir une étude économique, car il aide à déterminer le montant nécessaire pour le lancement commercial, mais beaucoup sont les doutes sur cette étude, pour cela, l'initiative d'affaires doit passer par le processus suivant :

- **Personnel**

Le nombre de personnes à engager est une variable importante, c'est pourquoi il est essentiel de se demander combien de personnes sont nécessaires au développement de l'entreprise, puis de mesurer le type de rémunération que cela implique.

- **Développement**

L'évolutivité d'une entreprise peut être estimée par le biais du type de ressources financières nécessaires, notamment pour l'acquisition d'outils permettant à une idée d'entreprise de fonctionner, en tenant compte des ingrédients qui doivent être joués.

- **Publicité**

Chaque entreprise doit réfléchir à la bonne façon de se faire connaître, c'est à ce moment que la publicité entre en jeu, c'est un investissement utile de nos jours, ainsi que les lignes de communication avec le client.

Chacun de ces facteurs ne doit pas être négligé dans l'estimation économique d'une entreprise. Pour connaître le montant du financement nécessaire au démarrage de l'entreprise, cette carte ou chronologie d'une idée d'entreprise est utile pour que les chiffres parlent d'eux-mêmes.

Comment financer le lancement commercial d'un projet

Les inconvénients d'avoir sa propre entreprise, ont beaucoup à voir avec l'aspect économique, les plus conseillés sont d'opter pour les prêts bancaires, l'aide aux organismes gouvernementaux, ou de penser aux incubateurs d'entreprises, de penser aux partenariats ou aux parrainages, c'est-à-dire qu'il existe de nombreuses façons de lever des fonds pour les projets.

Mais avant d'en arriver là, le plus important est d'avoir une idée d'entreprise, car c'est la principale graine pour qu'un projet se concrétise, le reste se traduit par les ressources nécessaires pour qu'il puisse se transcender, pour chaque sujet d'entreprise vous pouvez penser à un moyen de financement.

De nombreux petits projets peuvent faire leurs premiers pas dans le secteur commercial par le biais de microcrédits, d'autre part, la voie du Smart capital a été mise en œuvre comme solution, ou encore les aides qui sont fournies par les agences publiques, au-delà de ce choix, l'essentiel est qu'il se combine avec le type de marché.

Pour choisir le mode de financement le plus adapté à l'entreprise, il faut étudier le montant souhaité, la durée de remboursement, ainsi que le risque assumé, afin d'envisager le type de prêt le plus utile pour l'entreprise, ainsi que le type de garantie nécessaire pour y avoir accès.

Mais au milieu de ces décisions, il est important de considérer la question de la dette, car selon le niveau ou l'ampleur de la dette, la participation d'investisseurs peut être envisagée, bien que ce type de capital implique également le partage des bénéfices futurs, bien que l'apport de connaissances et d'expérience, qui est d'une valeur énorme, doive être pris en compte.

Les instruments de financement d'aujourd'hui sont divers, chacun pouvant être étudié en comparant ses avantages et ses inconvénients :

1. **Bootstraping**

Il signifie dans sa traduction littéraire ; mettre la botte, ce qui fait allusion à la création d'une entreprise sans aide extérieure, en cherchant à utiliser ses propres économies comme moyen de défense, pour ensuite réduire au maximum les dépenses, cela implique de faire des investissements maîtrisés, mais dans chaque mouvement, il est crucial de saisir l'information.

En fonction des résultats des premiers investissements dans le produit, il est possible de prendre des décisions pour l'avenir, ce qui permet d'atteindre les premiers revenus grâce à une tactique de vente rigoureuse.

2. Famille et amis

Une alternative viable pour faire décoller une entreprise, est de parier sur le mode FFF, ces chiffres sont adaptés à la signification de la famille, des fous et des amis, étant un accès à de grandes sommes, c'est un moyen rapide et sans tant d'exigences car ce n'est pas une banque, loin de là.

Le délai de remboursement peut également être négocié, de même que la question des intérêts, dans certains cas ces fonds sont obtenus gratuitement, ce sont des fonds qui deviennent une sorte de don, c'est le chemin qu'a suivi Jeff Bezos pour créer Amazon, en utilisant cet élan familial pour créer un plan d'affaires efficace.

3. Prêt bancaire

Le secteur bancaire est disponible pour couvrir les idées d'affaires réalisables, il dispose donc d'instruments financiers tels que les microcrédits, les prêts dédiés aux entrepreneurs, et même les crédits avec des conditions spéciales, qui sont liés à une entreprise à but social.

Bien que ce type d'avenues, nécessite une ligne de médiation et la présentation de données viables, au-delà de ces estimations, chaque demandeur fait face à des taux d'intérêt allant de 3,5% à 7,5% par an, mais l'avantage est que cela vous permet de rester en contrôle de 100% du capital de l'entreprise.

Des entités populaires dans le monde comme Caixa, où il est possible d'avoir accès à des prêts qui ont une valeur élevée pour le soutien de l'entrepreneur moderne, où la seule exigence est de présenter un plan d'affaires qui peut démontrer la viabilité, sans oublier aucun type d'hypothèses, et avec la clarté sur les revenus ainsi que les dépenses.

4. Subventions publiques

Dans le cadre de la création d'une entreprise solide, une autre option qui fonctionne souvent est l'aide des organismes publics, que ce soit par le biais de subventions ou de prêts à taux réduit. Ce type d'entités est imposé au niveau continental, afin que davantage d'entreprises puissent être créées, à condition qu'elles démontrent leur rôle évolutif.

Pour bénéficier de ce type d'aide, il est essentiel que le projet réponde à des objectifs sociaux et environnementaux, car cela permet de valoriser l'entreprise sous d'autres angles. Une autre condition est qu'il ne s'agit pas du seul moyen de financement, donc si vous répondez à ces qualités, il est possible d'avoir cet accès.

5. Incubateurs et accélérateurs

Il existe actuellement diverses plates-formes d'incubation et d'accélération de la création d'entreprise, qui offrent toutes deux l'avantage d'avoir accès à diverses formations, d'être une aide précieuse pour l'esprit d'entreprise et d'obtenir du capital pour une entreprise.

L'essentiel est de penser à la formation ou à l'échange qui peut apporter une plus grande valeur, pour ce niveau il est nécessaire d'avoir l'exigence d'avoir de l'expérience, en plus d'une bonne réputation, afin qu'il soit plus facile pour les contacts de se concentrer sur le développement de cette idée d'entreprise.

6. Crowdfunding

Quand il s'agit d'obtenir des fonds, cette mesure est une aide pour avoir accès à une variété importante de petits investisseurs, tout dépend du type de plateforme que vous pouvez choisir, ainsi que de la potentialité qui fait partie de l'entreprise, de cette façon vous pouvez obtenir une sorte d'investissement désintéressé.

D'autre part, il est également possible de générer un investissement en échange d'une participation au capital, ou des prêts sous un seuil d'intérêt, c'est un moyen d'atteindre un financement rapide, étant utile pour tous les types d'entrepreneurs, et la plupart de ces plateformes ont une réglementation légale.

7. Business angels et tours de financement

Une fois que l'entreprise dispose de paramètres intéressants qui soutiennent sa mise à l'échelle, vous pouvez présenter ces développements sous la forme d'un tour de table pour attirer des fonds, afin que les investisseurs aient accès à cette offre commerciale que vous proposez, vous pouvez également opter pour des business angels connus sous le nom de fonds de capital-risque.

Ce type d'investissement n'est pas seulement chargé de fournir de l'argent, mais aussi des experts du secteur qui peuvent apporter leurs connaissances, ainsi que leurs relations dans l'industrie. Il s'agit d'une forme d'investissement en ligne et non en points, car ils recherchent une relation directe avec l'entreprise qui puisse être maintenue dans le temps.

De nombreux entrepreneurs et millionnaires ont réalisé leurs rêves grâce à ces canaux. Si vous ne disposez pas de liquidités au début de l'activité, vous pouvez parier sur un soutien supplémentaire, c'est aussi un test décisif pour mesurer la faisabilité d'une idée commerciale.

Idées d'entreprises pour chaque secteur productif

La mise en place d'une entreprise nécessite une forte dose d'inspiration, de sorte que vous pouvez profiter de cette occasion pour former une entreprise réussie, pour cette raison, connaître plus d'idées d'affaires dans les secteurs de grand besoin, qui sont divisés à travers ce qui suit :

- **Secteur animal**

Les idées d'affaires modernes sont fortement liées aux animaux, puisque l'amour pour les chiens et les chats principalement, est considéré comme l'un des sentiments les plus modernes et rentables, pour cette raison de plus en plus d'entreprises qui génèrent des revenus à grande échelle à être orienté vers ce sujet sont présentés.

Il ne fait aucun doute que l'exploitation du lien affectif entre un maître et un animal de compagnie est une relation qui peut être utilisée pour créer des produits et des services susceptibles d'améliorer la qualité de vie des deux. Ce type d'utilité est une excellente raison pour laquelle les consommateurs investissent.

La meilleure façon de créer un produit ou un service lié à ce secteur est de visualiser n'importe quelle activité de routine et de se demander comment elle peut être améliorée ou simplifiée, révélant ainsi la grande opportunité de monétiser une série d'actions qui génèrent du bien-être.

Les meilleurs exemples dans ce domaine sont la création d'une animalerie en ligne, l'offre de services de promenade de chiens, la photographie d'animaux, la garde de chiots, la location d'accessoires pour certains animaux tels que des aquariums, des jouets pour animaux, la recherche d'animaux perdus et une alimentation saine.

Parmi les autres besoins des animaux de compagnie, il est possible de commercialiser des services de cimetière pour animaux, de toilettage à domicile et de conseils occasionnels pour résoudre les problèmes liés aux animaux.

- **Secteur écologique**

La dynamique de l'écologie est une obligation aujourd'hui, notamment pour assurer un meilleur avenir aux générations futures. La manière de produire et de consommer est donc en train de changer radicalement, c'est pourquoi les processus durables suscitent un intérêt accru sur le plan commercial et national.

Pour trouver une opportunité commerciale dans ce domaine, il est essentiel d'observer l'environnement, de trouver une utilisation disproportionnée des ressources, de se rendre compte de la manière dont ce type d'activité peut être amélioré, ainsi que de réfléchir à la conception d'une seconde utilisation d'un objet.

Les actions les plus populaires qui peuvent être commercialisées dans ce secteur sont l'installation de panneaux solaires, d'installations éoliennes, la proposition de modèles de transport avec des véhicules de livraison ou des moyens électriques, ainsi que la création de produits de nettoyage verts sans nuire à la planète, et dans le monde de la mode, des lignes écologiques sont ajoutées.

L'utilisation du thème de la conservation s'étend à l'utilisation de la collecte des eaux de pluie, à l'examen de la consommation d'eau d'une propriété et à la mise en place d'une production de fruits et légumes, ainsi qu'à l'utilisation de composants nationaux comme moyen d'entrepreneuriat local.

- **Secteur de l'artisanat ancien**

En raison de l'évolution constante de la société et en même temps de l'économie, l'impact de la technologie a fait que différents métiers sont en train de disparaître, l'un d'entre eux est le journalisme, parce que ce type de travail a été remplacé par des fonctions innovantes, de sorte que vous pouvez faire revivre diverses petites activités pour le diffuser avec la publicité.

L'idée de base de l'attention portée à ce secteur est de trouver un marché de niche où les travaux du passé peuvent être exposés, et de se concentrer sur ce public qui préfère le traditionnel, c'est une action simple, mais qui a une marge potentielle très exceptionnelle.

Au milieu des opportunités d'affaires conventionnelles, il y a le sculpteur sur pierre, les chaussures sur mesure, l'action apicole, la fabrication de tuyaux, l'encadreur, sans oublier l'artisanat ou le domaine de l'agriculture artisanale, la couture, la coiffure à domicile, et bien d'autres choses encore qui sont en vogue dans chaque lieu géographique.

- **Secteur de l'immobilier**

Le secteur de la construction a toujours été dans une tendance commerciale, puisqu'il permet de satisfaire l'un des besoins fondamentaux de chaque personne, pour cette raison la promotion immobilière est une alternative qui ne se démode pas, surtout avec la possibilité de profiter des crédits qui lui permettent d'être un secteur actif.

Au-delà des situations économiques défavorables, l'immobilier continue de se développer face à toutes les adversités. Pour faire partie de ce secteur, des moyens conventionnels peuvent être exploités, il est très varié et il vaut la peine de l'étudier en profondeur, car il s'agit d'un vaste secteur d'activité, comme la vente de maisons préfabriquées, entre autres mesures.

Les alternatives qui ont actuellement la plus grande probabilité de succès sont l'offre d'acheter ou d'investir dans des maisons au lieu d'appartements, ainsi que le fait d'éviter l'achat massif de terrains, car ils perdent rapidement de la valeur, et l'exposition des avantages des maisons préfabriquées comme l'un des thèmes les plus positifs.

- **Secteur du sport**

Le côté commercial du sport est très productif en raison du niveau de passion qui habite ce domaine, c'est un sentiment qui est au-dessus de toute époque, c'est pourquoi c'est une tendance importante qui peut être monétisée, jusqu'à impliquer le secteur de la santé, puisque la pratique du sport est une façon d'être en forme.

Le commerce et le sport peuvent aller de pair, c'est un secteur qui avec la passion peut être porté à un niveau très lucratif, il suffit de penser aux bénéfices qui peuvent accentuer ce type de fanatisme ou de pratique.

Les sports favorisent des opportunités commerciales avantageuses telles que la photographie d'événements sportifs, l'installation de centres de loisirs tels que le paintball, l'entretien de terrains de golf, la vente et l'exposition d'articles de sport, l'académie de formation de toute discipline, voire l'ouverture d'une agence de sports d'aventure.

La relation étroite entre le divertissement et le sport, qu'il s'agisse de proposer des services de karting, de couvrir la tendance du coaching personnel, des médias de paris sportifs actifs, des articles de nutrition pour les athlètes et de l'aide à la création de plans de repas, est un domaine qui offre de nombreuses possibilités créatives.

- **Secteur des personnes âgées**

La population des personnes âgées est très importante dans le monde entier, ce scénario exige des produits ou des services qui impliquent une amélioration de la qualité de vie, ainsi que qui peuvent être un stimulus pour le bien-être de leur santé au fil des années, c'est un phénomène qui génère un grand nombre de besoins.

Face à un pourcentage élevé de personnes âgées, diverses idées commerciales peuvent être mises en œuvre avec une inclinaison pour l'avenir, ou en même temps peuvent apporter un confort afin que dans le futur, les personnes âgées puissent profiter de leur étape de maturité.

L'assistance qui présente le plus grand potentiel commercial commence par des conseils financiers personnalisés pour une vieillesse plus paisible, la création d'un portail web de rencontres pour les seniors, des cours de yoga, des conseils informatiques pour qu'ils puissent utiliser pleinement chaque fonction, un service de nutrition et une aide à domicile pour tout travail physique.

En outre, l'offre d'assurance maladie, l'adaptation des logements pour faciliter la mobilité des personnes âgées et d'autres types de soutien qui génèrent un changement positif dans la vie des personnes âgées est un secteur qui favorise un niveau élevé d'investissement.

- **Industrie de la mode**

L'habillement et la mode vestimentaire, représentent des domaines intéressants à travers lesquels vous pouvez investir, au-delà du niveau de compétitivité qui fait partie de cette activité, il y a une grande opportunité d'attirer l'attention, tant que vous pouvez parier sur l'innovation, c'est un secteur dans lequel vous pouvez étudier les tendances présentes.

Trouvez un moyen différentiel par lequel vous pouvez profiter des utilitaires de la mode pour vendre, il vous suffit de mettre en œuvre des stratégies efficaces qui vous permettent de former une entreprise évolutive à tous points de vue.

Une façon d'exploiter ce secteur avec un grand potentiel pour générer des revenus, est sous la vente de vêtements d'occasion, la réparation de vêtements, et dans le monde en ligne, vous pouvez mettre en place un blog sur la mode, la vente en ligne de vêtements faits à la main, d'autre part est le conseil en image personnelle.

Comme si cela ne suffisait pas, dans le secteur de la mode, vous pouvez opter pour une voie beaucoup plus spécialisée, comme la vente d'équipements pour les sportifs, de vêtements de nuit, et même d'une sorte de vêtement de collection, et il y a aussi le domaine extravagant, où vous pouvez exposer la vente de vêtements pour les poupées Barbie.

- **Secteur automobile**

Le nombre de ventes de véhicules n'a pas diminué, au fil du temps c'est un secteur avec une grande marge de productivité, donc tout outil ou service a une utilité qui peut être commercialisée, cela facilite l'implantation d'une entreprise, afin que plus de personnes valorisent ce type d'offre.

Les idées novatrices à mettre en œuvre dans ce domaine commencent par l'achat et la vente de voitures d'occasion, les services de covoiturage, le partage de places de parking, la spécialisation dans le tuning de voitures, la location de voitures, l'aide au paiement de l'essence et même un comparateur d'ateliers de réparation automobile.

- **Secteur de la restauration**

Le monde de la restauration est également un domaine encombré par la concurrence, mais il permet de se démarquer lorsqu'on impose une personnalité claire qui peut se traduire par un flux de ventes, en présentant une idée ou un thème original, avec des plans alimentaires modernes, il génère ce type de succès commercial attendu.

Au-delà de la présentation d'une proposition alimentaire moderne, c'est un secteur qui doit être prêt à innover et être en recherche constante pour mettre en œuvre les opportunités de l'environnement commercial.

Pour lancer des opportunités dans le domaine de l'alimentation, vous pouvez diriger une entreprise qui propose des saveurs d'un pays particulier par le biais d'un abonnement, des services de restauration adaptés aux tendances modernes, des collations dans des boîtes musicales ou, à d'autres fins, payer pour la quantité ou la portion de nourriture que quelqu'un peut manger.

D'autre part, une entreprise peut être créée pour une niche réduite qui nécessite une attention particulière, comme l'établissement pour les personnes allergiques, offrant ainsi des services à des groupes spécialisés.

Grâce à ces options fournies par chaque secteur, vous pouvez créer une entreprise attrayante, tout cela fait partie de l'utilisation des besoins les plus courants, ayant ces aspects à l'esprit vous pouvez développer une vision pour exécuter ces exemples sur votre emplacement pour atteindre le succès escompté.

Innovations et services à forte marge bénéficiaire

La recherche d'opportunités dans tout environnement commercial est un désir constant aujourd'hui, avec une grande passion vous pouvez matérialiser chacune des idées qui ont du succès ou de la demande dans chaque secteur, parce qu'au lieu de laisser passer cette énergie pour entreprendre, il est temps de se lancer avec ces alternatives.

Il est plus facile qu'avant de créer une entreprise, même à partir de rien, avec beaucoup d'efforts, ou avec le bon investissement, vous pouvez évoluer dans l'environnement commercial, en profitant des avantages de pouvoir le faire même depuis le confort de votre maison, tout cela grâce aux possibilités offertes par l'internet et à vos compétences.

1. **Conception de chatbots**

La réalisation des Chatbots, possède une grande pertinence aujourd'hui, car chaque site web cherche à améliorer le traitement ou le service à la clientèle à chaque fois, c'est une application qui utilise l'intelligence artificielle pour l'environnement numérique afin de promouvoir l'assistance, cette invention est une grande source d'opportunités d'emploi et se fait par la programmation.

Chaque entreprise demande la création de Chatbots, l'interaction avec le client peut être garantie par ce moyen, c'est même une obligation au sein du marketing, pour cette raison, pour commencer à programmer un Chatbot, vous pouvez miser sur l'outil gratuit de chattypeople.com.

Ce qui est nécessaire pour la création de Chatbots, est d'apprendre chaque détail sur les bots et le type de fonctions à incorporer, puis vous pouvez créer un compte dans des outils tels que ceux mentionnés ci-dessus, pour perfectionner les compétences, et recevoir une demande, où vous devez connaître les attentes de l'entreprise pour le créer et le lancer.

2. Services ou assistance en matière de comptabilité

Quand on a une grande passion pour les chiffres, on peut profiter de ces compétences pour les monétiser, il s'agit en gros d'exercer le métier de comptable indépendant, bien que cela nécessite une formation dans ce domaine, et de ne pas cesser d'innover avec des outils numériques qui facilitent la facturation et la gestion des impôts.

3. Assistant virtuel ou assistant personnel

Ce type de services peut ne pas être très attrayant, mais avec le temps, il est devenu une fonction sur laquelle une grande rémunération est investie, il est utile ou idéal pour ceux qui ont l'habitude d'avoir des contacts avec les directions dans un bureau, seulement il est basé sur une version beaucoup plus numérique, qui génère une liberté dans les deux sens.

Actuellement, différentes plateformes peuvent être utilisées pour développer ce type de poste, l'une des plus populaires est upwork.com, qui permet de trouver des clients, et permet des options de conception d'horaires flexibles, ainsi que le type d'honoraires à établir.

4. Services de marketing

L'application du marketing est connue comme l'une des obligations de l'entreprise moderne, donc tout travail lié à ce monde est très demandé, mais pour fournir des résultats dans ce milieu, il est essentiel d'avoir de l'expérience et des connaissances, cela implique que vous devez investir dans des cours de formation.

Si vous avez les outils nécessaires pour offrir un soutien sur le monde du marketing, vous avez une grande opportunité de créer une agence de marketing, ce secteur a une grande courbe de croissance, c'est un domaine avec de nombreuses formes de spécialisation ou d'exécution, vous pouvez même postuler en tant que marketing d'influence.

La plupart des entreprises modernes sont à la recherche constante de freelances liés au marketing, où le texte transmis sur Google est optimisé, et à une grande série d'actions qui visent à convertir les visiteurs en clients, sans oublier que la création et la publication de contenu sont en demande.

L'amélioration du référencement est une excellente occasion de travailler, notamment pour mener à bien des actions telles que les méta-descriptions, les titres appropriés, la densité des mots-clés, les balises et les catégories, jusqu'au choix d'images optimisées en rapport avec le thème.

5. Conseil en médias sociaux

L'utilisation et le charme des réseaux sociaux sont une réalité, alors quand vous êtes un expert dans l'un d'eux ou que votre compte personnel se distingue, vous pouvez compter sur une formation professionnelle pour pouvoir faire de même avec les comptes des autres, et ce genre de certification est utile pour convaincre les grandes entreprises.

Aujourd'hui, les médias sociaux peuvent être classés comme une activité illimitée, en plus de disposer d'une vaste base de clients, ce qui signifie qu'il s'agit d'une importante source de revenus, et c'est une tendance qui continue de croître, surtout avec l'émergence de nouvelles plateformes.

En plus des possibilités offertes par les réseaux sociaux, il existe une grande variété d'outils qui facilitent la gestion et l'administration de ces derniers, c'est pourquoi il s'agit d'un environnement offrant de nombreuses alternatives pour atteindre les objectifs fixés.

6. Marketing d'affiliation

Une méthode très populaire pour générer des revenus est le marketing d'affiliation, où l'on présente la réalité de l'obtention de commissions en échange de la promotion de produits ou de services de n'importe quelle entreprise, tout consiste à choisir un produit ou un service avec lequel vous avez une affinité ou que vous comprenez parfaitement, pour le promouvoir et gagner un pourcentage pour chaque vente.

Les ventes réalisées grâce à votre présence numérique, est une entreprise simple qui a seulement besoin d'un blog ou un média numérique avec l'audience, la démonstration de cette quantité de l'audience, et de commencer à faire le marketing numérique, où vous devriez faire de la publicité avec les résultats obtenus, pour effectuer cette action avec plus d'entreprises.

7. Chroniqueur

La génération de ventes, ou la propagation du désir d'acheter, a conduit les entreprises à investir dans les critiques, car il s'agit d'une confirmation de la qualité des services ou du produit, pour pratiquer ce travail, vous pouvez créer un profil en tant que freelance pour créer cette approche avec les entreprises, pour offrir des critiques.

Pour vous convaincre de ce travail, vous pouvez créer un espace numérique qui prouve vos compétences en matière d'écriture, ce qui permet de fixer des tarifs en fonction de votre talent, en vous basant sur la construction d'un portfolio comme une excellente présentation pour recevoir des embauches sur cette activité.

8. **Services organisationnels**

L'organisation est un service très similaire à celui des assistants virtuels, il est basé sur le fait d'avoir une secrétaire à distance, pour cela il est nécessaire d'avoir des compétences en communication, gestion du temps, et un grand développement de l'autonomie, ce qui fait que l'agenda des rendez-vous, l'organisation du calendrier, répondre aux emails et bien plus encore est rempli avec excellence.

9. **Demande de rendez-vous numérique**

La capacité à communiquer, peut être exploitée au maximum pour relater les sujets d'amour, c'est-à-dire, l'explication de la façon de trouver l'amour, est très rentable, puisque cela peut fonctionner comme une grande aide pour les utilisateurs, ce qui est connu comme un consultant de rencontre, bien qu'il puisse être interprété comme simple, il est une grande responsabilité.

Guider les gens pour qu'ils trouvent l'amour de leur vie peut être un grand défi, même si les tâches quotidiennes à accomplir sont la gestion d'un profil qui vous classe comme un expert dans cette mission, ainsi que la participation à des applications de rencontre, la rédaction de profils et l'offre de conseils de mise en relation avec d'autres personnes, tout cela demande de l'empathie.

10. Vendeur eBay

Il repose sur un dévouement similaire à celui du marketing d'affiliation, mais au lieu de promouvoir un produit ou un service, il s'agit essentiellement de traiter directement avec le client, en prélevant une commission au propriétaire de ce produit ou service à la fin de la vente, bien que cela génère de nombreux risques en tombant sur de faux vendeurs.

Il faut savoir que dans ce type de vente, la personne responsable devant le client est l'entrepreneur. Ainsi, pour que cette activité soit rentable, il suffit de connaître parfaitement le distributeur, de garder l'argent dans le portefeuille jusqu'à la livraison satisfaisante du produit ou du service, en plus de signaler toute activité suspecte.

11. Développement d'applications

Chaque jour il y a une application de grande utilité, donc développer des capacités pour créer une application est très rentable, surtout quand vous avez une idée originale sur n'importe quel besoin des utilisateurs, pour cela il suffit de mettre ce désir en action, surtout parce que cela ne nécessite pas un grand investissement.

Pour réaliser la création d'une application, vous pouvez essayer des développeurs gratuits, des tutoriels, et aussi des cours, et ensuite appliquer une bonne stratégie de marketing qui peut faire connaître l'application, de sorte que vous pouvez générer des revenus, c'est une grande entreprise qui peut être développée à distance.

12. Développement web

Dans un monde dominé par la numérisation, toutes les entreprises sont obligées d'avoir un site web, et en plus de tout gérer un grand volume de trafic, surtout pour stimuler les ventes de ce secteur d'activité, de sorte que cette capacité est utile et rentable, même pour les entreprises parce qu'ils parviennent à avoir un environnement numérique.

Le meilleur début pour exceller dans l'activité de développement web est d'utiliser Wordpress pour construire un site web, jusqu'à ce que vous puissiez augmenter vos compétences en programmation. Pour ce faire, vous devez apprendre le langage de programmation, et utiliser codeacademy.com au maximum, pour apprendre chaque détail d'un site web commercialement utile.

13. Examen de la cybersécurité

L'utilisation constante des médias numériques, impose de faire attention à chaque opération, notamment pour éviter les épisodes de piratage, de vol d'informations, et toutes sortes de virus, ainsi minimiser les menaces avec une sécurité numérique accrue, cette gestion permet de générer des revenus pour prendre soin de l'intégrité numérique, pour les entreprises et les particuliers.

14. Conception graphique

L'apparence d'une entreprise est très importante, cela indique que la réalisation de designs devient un talent rentable, car chaque entreprise cherche à devenir une marque inoubliable, et pour atteindre ce niveau il a fallu créer une empreinte essentielle, il faut maîtriser Photoshop ou Illustrator, pour créer des logos, des publicités, des bulletins d'information, des lettres et ainsi de suite.

15. Editeur

La publication graphique est très utile pour diffuser des informations, c'est pourquoi ces services sont cités pour créer des magazines, des livres, des bulletins publicitaires et d'autres matériels relatifs au marketing, il est basé sur une action complète pour rendre le contenu percutant et peut même créer un produit numérique accrocheur avec ce travail.

16. Conception du plan d'affaires

Les idées d'affaires et l'envie d'émerger abondent aujourd'hui, mais l'organisation pour en faire une réalité a du sens, car l'élaboration d'un business plan permet de gagner certains investisseurs, pour cela si vous avez une formation en gestion d'entreprise ou des liens avec le marketing, vous pouvez réaliser l'évaluation des projets.

Les fonctions de ce média sont basées sur la création de textes authentiques, afin qu'ils puissent être personnalisés en fonction de l'entreprise, pour laquelle différents modèles peuvent être utilisés et remis aux clients, ce qui permet à l'entreprise d'avoir une étude approfondie de sa viabilité.

Chacune de ces idées est très innovante, parce qu'elle répond aux besoins modernes qui sont si recherchés, pour cette raison elles signifient une large opportunité d'affaires pour récolter des bénéfices importants, vous avez juste besoin de vision et d'ambition, en cherchant une fonction qui correspond à vos compétences.

Les entreprises les plus viables en temps de crise

En fonction de chaque époque, certains types d'entreprises ont plus de chances de réussir que d'autres, car les crises ont en fait beaucoup à voir avec l'évolution des besoins, étant un point ou un aspect qui peut être exploité pour générer des bénéfices, il existe de nombreux exemples que vous pouvez prendre en compte pour vous inspirer.

En étudiant différents secteurs avec une grande utilité même en temps de crise, vous pouvez faire partie de ce contexte global, en profitant des possibilités de ces alternatives, chaque choix est un paradigme et ne fonctionne pas pour tout le monde, mais en connaissant les entreprises suivantes, vous pouvez les comparer avec les habitudes de consommation pour effectuer le plus intéressant.

- **Location ou leasing**

La location est une option pour le public qui n'a pas accès à l'achat de voitures, de vêtements et même de machines, c'est une approche des besoins latents en temps de crise, parce que les consommateurs cherchent à dépenser moins aujourd'hui, pour cette raison la location a un large potentiel car c'est un modèle économique efficace.

- **Services de réparation et réparations**

En pleine crise, la dernière chose à laquelle pensent les usagers est d'acheter des vêtements, de nouveaux appareils électroménagers ou tout autre article, c'est pourquoi ils cherchent à obtenir une deuxième ou une troisième utilité en effectuant des réparations et des dépannages, étant une activité particulière qui s'intègre parfaitement dans un contexte de complication économique.

- **Environnement de recyclage et de réutilisation**

Un secteur d'avenir est celui lié à l'écologie, donc l'engagement pour le recyclage et la réutilisation est une solution à prendre en compte, car au milieu d'un recyclage est également une mesure rentable, le conseil de changements dans la maison ou des produits moins chers pour être deuxième homme ou réutilisé est en grande demande.

Comme vous pouvez recycler un produit, vous élargissez les possibilités d'achat, c'est une excellente idée commerciale qui peut être adaptée aux passions que vous possédez, ce sont des modèles commerciaux à succès car ces services sont recherchés même par les amateurs de la tendance verte.

- **Sports**

Au-delà de tout mauvais moment économique, de nombreux groupes sociaux sont concernés par la pratique du sport, que ce soit pour des questions de santé ou d'esthétique, pour cette raison une salle de sport, des conseils sur le support ou la vente d'articles, est d'une grande pertinence, ce n'est pas une alternative commerciale qui peut se démoder, mais qui génère des ressources fréquemment.

• Soins de santé

Il ne fait aucun doute qu'au milieu d'une crise de tout type, ce qui est le plus apprécié est la santé, et en même temps est le plus endommagé par le niveau de stress que ce genre de situation provoque, ce qui indique une demande massive d'assistance psychologique, ainsi que des pratiques alternatives pour aider à réduire ce dommage, comme le yoga, la méditation et autres.

• Le monde des cosmétiques

La manifestation de la récession génère que le manque d'achat de vêtements coûteux est substitué par l'achat de maquillage, qui est l'un des paris sûrs, donc au-dessus de toute éventualité, le flux des ventes n'est pas affecté de manière drastique comme il est imaginé.

• Aide financière

Au milieu des problèmes financiers, il est vital d'avoir des services financiers, il est maintenant essentiel d'avoir des prêts rapides, ainsi qu'un moyen de renégocier les dettes, donc l'augmentation de ce type de services au milieu de la crise, est logique.

- **Spécialité juridique**

Dans tous les cas, l'assistance juridique est nécessaire, surtout dans un environnement où les faillites se produisent tous les jours, ainsi que les épisodes de saisie et même les saisies, il s'agit donc d'une alternative à exploiter au milieu de ce genre de circonstances.

- **Services d'assurance**

Un investissement qui n'est pas négligé face aux complications est lié à l'assurance, parce qu'en premier lieu est placé le soin personnel et même sur les biens, sans laisser de côté qu'il fait partie de la responsabilité civile, donc c'est une politique à long terme qui ne doit pas être laissée impayée.

- **Crowdfunding et fintech**

Compte tenu du fait que la connexion internet est devenue une normalité de nos jours, proposer le crowdfunding est un besoin latent, car c'est l'accès à l'obtention d'une somme d'argent que l'on peut demander, c'est une alternative viable face aux difficultés.

- **Partage de la gestion**

Les besoins sociaux peuvent toujours être exploités, c'est pourquoi proposer une économie collaborative est une grande opportunité, notamment avec la mise en place de plateformes de location d'appartements, de covoiturage, de repas et bien plus encore, cela peut être construit grâce à Uber ou Airbnb.

- **Coworking**

Lorsqu'il y a une volonté claire d'économiser de l'argent, les espaces de coworking sont une excellente mesure, car face à la crise, il est possible d'éviter la dévaluation, c'est une action de mise en réseau qui permettra plus tard de valoriser ce type de format.

- **Magasins en ligne**

Le commerce électronique peut être mis en œuvre comme une solution de réduction des coûts, car ce modèle d'achat est beaucoup moins cher, et vous avez un accès direct à une grande population d'utilisateurs, ce qui en fait un positionnement idéal pour générer des revenus.

Au milieu du chaos, dans le monde économique, il existe de nombreuses alternatives pour mener à bien une entreprise qui contribue dans les deux sens, puisque la dynamique commerciale est une contribution pour l'acheteur comme pour le vendeur, et en s'adaptant aux conditions sociales, cette probabilité de succès devient une réalité.

Les raisons pour lesquelles les crises sont bonnes pour les créations d'entreprises

Les besoins du marché sont accentués en période de crise, c'est pourquoi c'est un environnement idéal pour l'entrepreneuriat. Tout au long de l'histoire, les grandes entreprises que l'on connaît aujourd'hui sont nées en profitant des périodes de crise, comme ce fut le cas pour McDonald's, une idée d'entreprise qui s'est développée dans de grandes proportions.

La naissance d'entreprises face à la complexité fait partie de ce caractère nécessaire à entreprendre, étant quelque chose de typique des économies du monde, puisque sans préavis des circonstances négatives peuvent survenir telles que des pandémies, avant les nouvelles idées d'entreprise, seule une bonne base est nécessaire pour passer à l'échelle commerciale.

Les grands experts du secteur économique, tels que Warren Buffett, soulignent que lorsque la marée descend dans un marché, c'est à ce moment-là que l'on peut voir qui nage nu au niveau commercial, car c'est le scénario qui se manifeste en cas de crise, et la plupart des entreprises qui n'ont pas une bonne gestion, ainsi qu'une dette élevée, déclinent.

Pour cette raison, la meilleure projection pour une entreprise d'être à flot est d'innover, la densité de la technologie est une solution importante pour chaque gestion d'être à jour, en plus d'ajouter des outils, vous pouvez investir dans les secteurs qui ont ou sont en tendance constante, en tenant compte de l'étude du financement et la faisabilité de chaque idée d'entreprise.

Comment entreprendre face aux difficultés

Face aux rêves d'ascension, les aspirations personnelles peuvent être éclipsées par des difficultés telles que le manque d'investissement, le manque de motivation pour des raisons économiques, ou toute autre raison, pour cela il suffit de connaître en profondeur les entreprises qui sont en plein essor.

Pour trouver cette grande opportunité d'affaires, il est également une grande exigence d'étudier le consommateur, car sous la compréhension de leurs habitudes de consommation peut être créé et exploiter une opportunité de progrès commercial à développer, car ce sont des entreprises durables dans le temps et laisser des taux de revenus élevés.

1. Création d'une entreprise dédiée à la technologie et à l'innovation

Suivant la tendance de l'attachement à la numérisation, toute idée liée à l'innovation et à la technologie peut être exploitée en toute sécurité, c'est un modèle économique à grande échelle, surtout lorsqu'il est dirigé sur l'internet, les applications mobiles et autres, dans ce sens le montage vidéo a plus de sens.

Démarrer une entreprise dédiée à la technologie est une idée simple et fiable, en particulier pour ceux qui cherchent à développer des fonctions commerciales dans l'environnement numérique, puisque vous pouvez effectuer l'exécution d'un magasin en ligne, ainsi que la vente d'articles technologiques est répertorié comme un besoin complet.

Pour y voir plus clair, vous pouvez lire des magazines sur les tendances technologiques, passer en revue les sites Web ou les entreprises technologiques mises en œuvre dans les pays avancés, ainsi que suivre les produits technologiques les plus vendus.

2. Ouverture de la franchise

Dans le monde, l'établissement de franchises a une marge de succès intéressante, c'est donc une option avec une grande utilité, il est important parce qu'une franchise fait que vous ne devez pas savoir ou être un expert sur la gestion d'une entreprise, et encore moins prendre le temps de chercher une idée rentable.

Pour faire partie d'une franchise, il est important de considérer ce groupe d'experts qui étudient le potentiel de chaque idée d'entreprise actuelle, ainsi vous pouvez choisir celle qui s'identifie avec votre passion, de cette façon vous pouvez avoir accès à l'utilisation de celui-ci, il est simple et rapide, l'un des plus demandés est l'hospitalité et les parfums "low cost", cela peut être adapté à votre ville.

3. Offre de produits ou services dédiés au secteur du luxe.

L'un des secteurs les moins touchés par la crise ou les complexités est le secteur du luxe, puisqu'en théorie il s'agit d'une offre commerciale destinée à un groupe social ayant un pouvoir d'achat, ils n'ont pas de problèmes économiques, et sont donc des consommateurs actifs, c'est donc une valeur sûre, il peut s'agir de tourisme de luxe, de produits de luxe et bien plus encore.

En analysant en profondeur les réseaux sociaux des célébrités, on peut trouver de nombreux exemples d'offres de luxe, même en tenant compte de leur tenue vestimentaire est rentable, car ce sont des idées rentables qui ont leur propre marketing lorsqu'elles sont vues ou viralisées par les célébrités.

4. Alcool et autres vices similaires

Il ne fait aucun doute qu'un secteur de consommation qui reste actif par-dessus tout est celui du tabac, du sexe, des jeux d'argent, entre autres, pour cette raison c'est une catégorie d'affaires avec une forte demande, indépendamment de la situation de la localité, donc aussi les boîtes de nuit maintiennent une forte concurrence.

5. Acquisition d'une entreprise

En temps de crise, au lieu d'un pari immobilier, le plus courant est de profiter de l'achat d'une entreprise, cela peut être par le biais de participations ou dans son intégralité, bien qu'il s'agisse d'une opportunité d'affaires qui nécessite un investissement élevé, donc elle n'est pas accessible à tous.

Cependant, pour ceux qui ont cette idée en tête, ils devraient penser à profiter de ces offres, car après avoir surmonté une certaine difficulté économique, une possibilité de relance se présente, pour laquelle l'entreprise doit être évaluée au préalable, c'est une consécration complète de temps et d'argent.

L'optimisation d'une entreprise en faillite est un pari réalisable, bien qu'il puisse également représenter un intérêt net à acquérir cette base de clients pour une idée commerciale différente, cela ouvre un large éventail d'opportunités, surtout lorsqu'une grande marge de connaissance est mise en œuvre pour prendre les décisions appropriées.

6. **Formation commerciale en ligne**

L'opportunité présentée par le marché en ligne est retentissante, donc pour les grands et petits entrepreneurs il y a des options, c'est un environnement qui n'a pas de limites et qui peut être exploité dans de nombreuses directions, même en temps de crise le média en ligne est capable de générer des revenus importants.

La demande d'achats en ligne est une activité moderne, pour cette raison, faire partie de cette dynamique est un privilège en soi, elle peut aussi être combinée avec un développement physique, c'est une double opportunité.

7. **Services et produits pour le sport et la santé**

La réalisation de thérapies est une activité qui n'a pas de plafond, même face aux complications économiques, car les gens cherchent à se libérer de tant de problèmes, sans oublier qu'une partie de la tendance est de faire partie d'actions sportives, puisqu'elle est aussi utilisée comme une étape pour avoir accès à l'auto-amélioration.

Les objectifs personnels liés au sport augmentent chaque jour. Cette passion peut donc être exploitée par la commercialisation de produits et de services liés à cette pratique en plein essor.

8. **Conseil pour les marques personnelles et commerciales**

Une société ou une entreprise est maintenue dans un désir constant de renouvellement, c'est pour cette raison qu'elle opte pour des services visant à consolider une marque, cette offre peut être fournie par la formation, ainsi que la passion pour les nouvelles technologies émergentes, afin que les entreprises puissent être conseillées pour franchir ce pas.

C'est une solution d'emploi avec de grandes opportunités, surtout si vous avez des compétences en programmation, en gestion de base de données, en positionnement, en marketing digital, même en tant que community manager, ce genre de domaines est demandé par les entreprises, avec une formation dans ce domaine, les opportunités sont nombreuses.

9. Commercialisation des matières premières et des produits de base

Il n'y a aucun doute que le secteur commercial qui s'occupe des besoins de base, a une marge de demande élevée, puisque indépendamment de la situation économique il s'agit d'un achat essentiel, donc c'est un secteur sur lequel vous pouvez parier surtout quand il s'agit d'aliments, de médicaments, ou de toute matière première dans ce secteur.

10. Vente de produits à bas prix

Une expansion utile est de faire partie des entreprises qui travaillent dans le domaine du low cost, cette catégorie représente un secteur très large, parce que la société demande des produits économiques surtout en crise, donc c'est une opportunité rentable où l'objectif commercial est de générer des revenus sous un volume élevé de ventes.

Chacun de ces 10 développements est une voie de l'esprit d'entreprise, surtout quand il y a de grandes difficultés et des obstacles économiques, puisqu'il s'agit de la commercialisation de besoins qui ont un grand essor aujourd'hui, pour cette raison chacune de ces alternatives ne peut pas être négligée.

Les opportunités commerciales à saisir pendant la crise

Une période de crise peut susciter des craintes dans de nombreux secteurs économiques, mais en réalité, c'est un moment idéal pour se porter candidat à une entreprise, ceci est dû à la diminution des concurrents qui existent ou concourent sur le marché, représentant ainsi un risque qui vaut la peine d'être considéré, pour penser à créer une entreprise.

L'opportunité de créer une entreprise devient beaucoup plus réalisable en période de troubles, dans chaque contexte commercial, un vide s'ouvre qui peut être exploité pour générer des revenus, c'est une option à ne pas négliger, surtout lorsqu'il s'agit d'établir des services pour la gestion des défaillances, ou des opportunités pour obtenir des ressources.

De même, le domaine du travail est devenu un domaine populaire pour l'embauche d'avocats en raison du grand nombre de licenciements, pour cette raison, ces questions ont une grande proportion de boom, sans oublier que le secteur de la consommation est un domaine qui a une marge de durabilité positive.

D'autre part, les magasins discount deviennent un point de convergence pour les consommateurs, ainsi que les services de distribution alimentaire, et en plus de cela, les services ou articles pour animaux domestiques, il y a une marge élevée d'opportunités dédiées à l'assistance elle-même, dans ce point le secteur de la santé se distingue.

Un autre sujet à fort potentiel est la protection de l'environnement, notamment avec la commercialisation des énergies renouvelables, de la biotechnologie, ainsi que d'Internet, qui sont des éléments essentiels pour la société, même les services de publicité en ligne sont une excellente solution.

Parallèlement, en termes d'impact technologique, l'importance du commerce électronique n'est pas perdue de vue, où les applications mobiles sont gérées de manière à ce que les entrepreneurs puissent exercer leurs responsabilités commerciales depuis l'appareil, étant un environnement en pleine croissance.

Cependant, l'un des marchés présentant une plus grande évolutivité dans le temps est le secteur du luxe, car il n'est affecté par aucun type de déclin commercial, mais est soutenu par l'important flux de ventes qu'il génère, ce sont des écarts qu'il faut exploiter au maximum, pour ne plus penser à reporter le démarrage d'une entreprise.

Types d'entreprises à créer dans le secteur de la consommation

Lorsque l'économie présente un comportement instable, l'opportunité susmentionnée des vaches maigres pour générer des revenus se présente, bien qu'il puisse y avoir de grands doutes au moment de décider d'un certain type d'entreprise, afin de ne pas laisser ce panorama changeant vous empêcher d'entreprendre, il est vital de connaître le marché des consommateurs.

- **Le commerce de l'alcool**

Les entreprises basées sur l'alcool ont tendance à résister à tout type de complication économique, bien que le type de liqueur qui est cher soit celui qui est récent dans ce genre de période, donc la liqueur économique a un plus grand potentiel pour la répandre, puisque l'habitude de consommer de l'alcool ne s'arrête pas même en cas de crise.

L'adaptation des vices à la crise est une position des consommateurs qui peut être complètement commercialisée, donc un magasin d'alcools ainsi qu'une distribution de ces derniers, s'impose comme une solution évidente.

- ### **Le secteur des cosmétiques**

L'industrie de la beauté représente un espace qui reste vivant au-delà des complications, c'est la même pulsion qu'avec l'alcool, les consommateurs cherchent par tous les moyens à satisfaire leurs prétentions esthétiques, c'est aussi un moyen de se remonter le moral face à l'adversité.

Pour ces raisons, le secteur des cosmétiques est vulnérable aux récessions, et les moyens de participer à cette dynamique commerciale sont la distribution de catalogues, ainsi que la mise en place d'une boutique en ligne.

- ### **L'industrie du cinéma**

Le plaisir du cinéma correspond à une distraction idéale pour s'évader des difficultés, donc faire partie de la promotion des premières est une manière de former une entreprise, bien que vous deviez être prudent avec la question des droits, ce dont vous pouvez profiter est la tendance à la revente de billets de cinéma, idéal pour les petits emplacements.

- **Le commerce des soins de santé**

Le secteur de la santé est très complexe à pénétrer en raison des exigences qu'il comporte, mais il s'agit d'un marché en pleine croissance, de sorte que toute idée nouvelle visant à révolutionner la distribution de médicaments ou de fournitures, ce qui doit exister est un attachement aux conditions de santé qui existent sur ce secteur local.

- **Le commerce des magasins d'alimentation spécialisée**

Les tendances alimentaires sont très rentables, pour cette raison tout point de marketing peut être largement exploité, il s'agit d'une grande popularité pour faire partie de ce type de marché de grand besoin, pour impacter cette opportunité vous pouvez créer une ligne de produits, qui met en évidence la tendance végétalienne ou la livraison à domicile.

- **Le commerce des bonbons et des desserts**

Un goût qui n'est pas abandonné sur une certaine difficulté, est celui des desserts, puisque la consommation de sucre est même une mesure de nécessité pour beaucoup de gens, surtout comme un moyen de libérer le stress, le moyen de consommation est utilisé pour laisser de côté les tensions générées par un certain environnement économique décourageant.

- **Le secteur funéraire**

Les services funéraires sont classés comme un besoin latent, donc de plus en plus d'utilisateurs prennent soin de cet aspect pour avoir couvert ce genre de procédures, ces services ne sont pas du tout agréables, mais ils sont tout de même très influents.

- **Le secteur des services fiscaux**

Dans les périodes économiques difficiles, est quand l'intervention d'un comptable est le plus nécessaire, de chercher à préserver une solution viable à la responsabilité avec le Trésor, causant que les impôts peuvent être en ordre, donc sont des conditions à couvrir avec des conseils professionnels dans le domaine fiscal.

Ce type de marché de consommation révèle le grand nombre de besoins pour lesquels la population est prête à payer ou à se permettre, pour cette raison, ils restent au sommet de l'entreprise, pour couvrir un grand nombre d'années avec une force commerciale, cela peut être pris comme une référence pour choisir ces secteurs de demande constante.

Des entreprises capables de survivre à une pandémie

Il n'était guère imaginable, dans le secteur commercial, de concevoir une entreprise capable de résister à une pandémie, jusqu'à ce que l'arrivée du coronavirus remette en question toutes sortes de planifications commerciales, faisant en sorte que l'attrait des investissements se concentre carrément sur des modèles d'entreprise flexibles et résilients face au chaos extérieur.

La solution à première vue, a été réalisée par le commerce électronique, étant la meilleure mesure pour combattre tout éloignement avec le marché, cela exige d'avoir une formation élevée pour être profilé sur ce type d'interaction commerciale, de cette façon l'impact de la pandémie ou des événements imprévus peuvent être atténués.

Toute entreprise, petite ou grande, voit son mode de fonctionnement mis à l'épreuve par l'arrivée d'une pandémie. Ainsi, les ventes en ligne affichent une hausse choquante de 150 %, un scénario qui incite à repenser la manière de gérer et de parier sur une entreprise.

Pour mesurer le potentiel d'un modèle d'entreprise face à une pandémie, il est essentiel de connaître les secteurs les plus susceptibles de surmonter ce type d'adversité, où quatre étapes clés de l'économie moderne ont été fixées, à savoir la concentration de la production, les fournisseurs locaux, la technologie et enfin la coopération.

Dans l'histoire des crises financières, les séquelles laissées par le coronavirus sont profondes, même au-delà de la Seconde Guerre mondiale, surtout avec les paramètres de vie qui ont été établis, comme les risques sanitaires, les problèmes de gestion du travail dus au télétravail et la paralysie de la mobilité commerciale.

Ce type de scénario, génère un scénario solide où le pourcentage de livraisons urbaines a augmenté, parce que le commerce électronique en dépend, et c'est un dépassement qui a lieu sur le commerce traditionnel, et les livraisons ont été une méthode d'innovation pour de nombreuses entreprises pour rester en vie.

- ## L'organisation des entreprises aujourd'hui

Cette volonté d'établir une entreprise solide nécessite également la conception d'un modèle d'entreprise flexible, capable de s'adapter aux exigences sociales telles qu'une pandémie, et qui doit être idéal pour remplir les fonctions du chef d'entreprise et des employés.

Le marché lui-même impose des conditions auxquelles il convient de s'adapter, c'est pourquoi l'organisation actuelle commence par créer des installations qui permettent de se conformer au développement des protocoles modernes, ce type de présentation est une sécurité pour les employés, et donne confiance aux clients.

Quant aux objectifs que l'on peut tracer, il est vital de pouvoir fixer des objectifs à court terme, jusqu'à ce qu'ils soient modifiés en fonction des attentes modernes, entraînant la possibilité de répondre à chaque besoin, pour prendre ces mesures il est également nécessaire de rencontrer et de mesurer les besoins des utilisateurs.

Les opportunités qui se présentent sur un marché ne peuvent pas être négligées, ce sont des considérations pour pouvoir couvrir l'expérience de l'utilisateur, bien qu'à ces changements s'ajoutent aussi ceux de la chaîne d'approvisionnement, car il s'agit de restrictions frontalières, ce qui fait que le réseau de producteurs change vers une direction locale.

La sécurité face aux turbulences commerciales, c'est de chercher une alternative optimale afin d'avoir la possibilité d'élargir le choix ou les options des fournisseurs, et au milieu de ce processus, il faut éviter d'augmenter les coûts, car à long terme ce qui compte c'est la rentabilité, donc le maintien des ventes dans une direction positive.

- **L'importance de la gestion logistique**

Les réseaux de fournisseurs sont les premiers à être touchés par des problèmes tels qu'une pandémie. L'activité logistique doit donc être prise en compte, faute de quoi les entreprises commencent à décliner, où il a été démontré qu'il existe une plus grande résistance aux chaînes d'approvisionnement de détail.

C'est pourquoi il est nécessaire d'avoir un allié commercial qui se charge des livraisons, ce qui est essentiel pour les entreprises d'aujourd'hui, pour cette raison les magasins en ligne sont en mesure de survivre, ce n'est donc pas un choix à assumer à la légère, mais doit se conformer à toutes les estimations précédentes.

- **La technologie est une arme à fort potentiel**

La pertinence de la maîtrise des aspects du commerce électronique, est un grand avantage pour développer le télétravail avec une marge de productivité élevée, sont basés sur deux moyens essentiels pour une entreprise de fonctionner pleinement, même les chiffres soutiennent le succès des ventes sur Internet et ceux-ci ont une forte augmentation.

Comme la technologie s'intègre beaucoup plus dans la gestion des entreprises, même le mode de fonctionnement devient plus facile, car vous pouvez parier sur les services d'appel vidéo pour raccourcir les délais par exemple, ce qui est un signe que les interruptions n'ont aucune valeur avec la modernité de la numérisation.

- **Mise en place d'une boutique en ligne**

Les entreprises de différentes tailles ont apprécié l'importance d'avoir des magasins virtuels, c'est l'une des structures les plus réalisables pour survivre face aux difficultés, seulement 30% dans le monde avait un magasin virtuel, mais aujourd'hui ce chiffre a augmenté de manière significative.

Le pari sur les médias numériques implique également un investissement nécessaire sur les agences de marketing, surtout pour atteindre une grande marge de clients à l'échelle mondiale, c'est un canal qui a plus de favoritisme pour l'acquisition de produits pour devenir une réalité d'une manière simple.

Cependant, de nos jours, il n'est pas seulement nécessaire de mettre en place une boutique en ligne, mais il faut la compléter par un système de logistique et de stockage de premier ordre, afin de pouvoir effectuer la livraison des produits, et il est également nécessaire d'améliorer la communication active avec les clients pour résoudre leurs préoccupations ou leurs exigences.

La fidélisation sur les magasins virtuels dépend directement de la gestion préalable effectuée, et dans un environnement de crise, il est essentiel de maintenir une communication active avec les clients, sans oublier l'incorporation d'équipes qui aident à soutenir un service client efficace pour satisfaire tout besoin.

• Télétravail et cybersécurité

Face à une époque de complications physiques, l'alternative du travail à domicile est une réalité, étant une action beaucoup plus rentable, au lieu de tomber dans les coûts d'infrastructure, car tout est réduit et cela implique aussi une meilleure gestion du temps, mais c'est une façon de travailler qui doit être bien exécutée.

A ce stade, il est essentiel de veiller à ce qu'aucun signe de stress chronique ne se manifeste, pour cela il est crucial de miser sur des conseils pour mettre en œuvre cette dynamique, faisant en sorte que la journée de travail soit beaucoup plus efficace, c'est une transformation profitable et sûre à tous points de vue.

Au milieu du travail et de l'action numérique, il est crucial de maintenir un haut niveau de sécurité de l'information, qu'il s'agisse des données des travailleurs, comme de celles des clients, qui méritent une couverture vitale, afin qu'aucun vol ou dommage ne se produise, en échappant à l'action des hackers, c'est un dévouement qui demande des ressources.

- **La créativité, un ingrédient essentiel**

La manifestation d'une crise exige de l'ingéniosité pour surmonter les obstacles, c'est pourquoi la créativité est cruciale pour mettre de côté les questions liées à la communication avec le client, afin qu'au milieu des problèmes, une mesure différentielle puisse être présentée, car toute entreprise vit et est rentable en repensant son fonctionnement.

La production dans n'importe quel environnement exige une surveillance constante, à laquelle la solution des robots est intégrée, de sorte que l'attention aux clients peut être garantie, parce qu'un traitement agile est rappelé, surtout au milieu d'une calamité, pour atteindre ce niveau il est nécessaire d'établir un système d'écoute sociale comme une innovation.

Pour trouver des idées plus créatives, il est nécessaire d'étudier les réseaux sociaux tous les jours, de vérifier les besoins de chaque secteur, cela va au-delà de l'offre et de la demande, car il y a des préoccupations au moment de l'achat, donc la relation avec les clients ne peut en aucun cas être négligée.

Comment exploiter le commerce rentable de la vente de biens d'occasion ?

La seconde vie des produits est une modalité ou une alternative qui est fréquemment épuisée en temps de crise, et un large public choisit d'obtenir de l'argent en les vendant, car la plupart du marché cherche à économiser de l'argent avec l'achat de ce type de produits de seconde vie.

Pour faire partie de cette dynamique de produits de seconde main, les alternatives suivantes peuvent être exercées :

1. **Produits Apple usagés**

Étant donné l'énorme succès d'Apple, le désir d'avoir l'un de ces produits est quelque chose de commun sur le marché, c'est donc une option rentable qui peut être réalisée, étant une entreprise de haute qualité et acclamée dans le monde entier, mais leurs produits ne sont pas bon marché, pour cette raison il y a une large demande pour acheter ces produits utilisés.

2. **Produits d'occasion pour bébés**

Une étape aussi éphémère que la croissance d'un bébé exige une quantité énorme de produits, mais au fur et à mesure que l'enfant grandit, les articles tels que les vêtements, les jouets de berceau, les voitures et tout autre article similaire deviennent obsolètes ou inutilisables, même s'ils ne sont même pas utilisés, même avec des utilitaires dans des conditions optimales.

En effet, en achetant des articles d'occasion en bon état, ils peuvent économiser et même les vendre à ceux qui en ont besoin. Ce concept s'appelle Baby Eco, où les vêtements pour bébés sont loués.

3. Meubles d'occasion

Un investissement important et fréquemment répété au sein des ménages est le mobilier, mais une solution par laquelle il est possible d'intervenir dans cet environnement est la demande qui existe chez les personnes qui se rendent dans des magasins réputés, où des prix compétitifs sont proposés, au point de former des distributeurs.

4. Tout produit ayant une valeur nouvelle suffisamment élevée

Lorsque vous voulez faire partie de la vente de produits d'occasion, vous pouvez penser à toutes sortes de produits qui sont fabriqués pour fonctionner pendant de nombreuses années, et surtout qui a une valeur élevée sur le marché, parce que c'est la façon de penser ou de concevoir dans une revente, donc de sélectionner un produit candidat à la revente.

Ce secteur d'activité est intéressant, car l'épargne en soi est une tendance actuelle, ce qui fait qu'il est possible de penser à une opportunité commerciale à travers des produits qui ont une seconde utilité, cette extension de valeur est utile pour la demande qui souhaite obtenir un produit sans dépenser ou investir la valeur marchande actuelle.

Comment financer une entreprise sans l'aide d'investisseurs ou de la banque ?

Un grand nombre d'entreprises restent sans décoller à cause de l'obstacle du financement, mais face à ce problème, il est possible de choisir des moyens alternatifs de lever des fonds, sans devoir penser aux investisseurs, et encore moins aux banques, cela repose sur la capacité d'un produit de revente à être vendu efficacement.

La stratégie pour réaliser ce type d'entreprenariat, est sous la stratégie de conclure un contrat avec un client, pour ensuite se concentrer sur la vente de cette version modifiée du produit, ce type de dynamique peut être exécuté par de grandes ou petites entreprises, même Bill Gate a utilisé cette stratégie à ses débuts.

- **Places de marché**

Dans le passé, le commerce idéal était basé sur l'installation d'un magasin, mais aujourd'hui, c'est tout le contraire qui a été déterminé, car ce n'est pas une exigence ou un moyen d'atteindre les clients, on a plutôt utilisé une pratique médiévale qui a des résultats positifs malgré le temps, comme les places de marché.

Aujourd'hui, il est possible de payer pour la location d'un espace sur la place publique, afin d'obtenir cet espace à travers lequel ces transactions peuvent être matérialisées, ce qui peut être combiné avec la création d'une plateforme, pour avoir un lieu de livraison physique.

Avoir ce mode de fonctionnement, réduit complètement les dépenses ou le niveau d'investissement nécessaire pour émerger, en outre il n'est pas essentiel d'avoir un inventaire ou toute autre exigence similaire, c'est un coût très faible qui permet de développer l'entreprise au maximum, d'autres options est d'utiliser des intermédiaires, dans le cadre de l'économie collaborative.

- **Modèle de rareté**

La méthode de la rareté, a trait à la promotion d'un produit, en faisant appel à l'épuisement du produit, elle est basée sur une théorie d'incitation du client, c'est une tactique vraiment utile, surtout dans le marché de la vente au détail, ce type de thématique est réalisé dans le secteur de la mode par les magasins Zara, où il fait appel au public passionné.

- **Modèle d'abonnement**

Il s'agit d'un engagement d'achat pris par le client, pour fournir ce produit ou service dans les conditions convenues, il est maintenu pendant une longue période de temps, il est basé sur une formule de sorte que les clients peuvent faire partie du financement de l'entreprise elle-même, cela est utile et pratiqué avec des produits électroniques tels que les magazines.

- **Paiement à l'avance**

C'est une façon d'avoir accès à des avances, c'est connu comme un moyen de financement aussi, dans les pays du premier monde c'est une dynamique très pratiquée, bien qu'elle soit utilisée sur des services de consultation, de cette façon vous atteignez des clients qui se chargent de vous financer, vous devez estimer les dépenses, afin que les clients puissent payer une partie pour y assister.

De cette façon, vous pouvez pratiquer ce type de stratégies de paiement, qui vous permettent d'éviter le budget nécessaire pour les questions d'espace physique, ainsi que pour développer un produit ou un service, et vous pouvez même garantir le fonctionnement de l'entreprise pour une plus longue période, il s'agit de planifier en chiffres l'élan que nécessite une entreprise.

Comment créer une entreprise attrayante

La formation d'une idée d'entreprise, exige une impulsion économique, qui peut être facilement atteinte en partageant ce côté authentique derrière un projet d'entreprise, tout dépend du niveau d'intérêt qui peut s'éveiller, donc la préparation préalable d'une idée d'entreprise a plus de sens.

Atteindre ce niveau de présentation attrayante est facile lorsque vous suivez une série de facteurs qui se connectent de manière personnelle à vos idéaux, ainsi qu'à l'objectif de l'entreprise, bien qu'avant de faire le moindre pas, il soit vital de s'interroger sur le type d'entreprise qui convient à votre idée d'entreprise.

L'essentiel est de refléter le potentiel de cette idée d'entreprise, ainsi que la planification pour en faire une réalité, ce qui est simple lorsque vous pratiquez les actions suivantes qui vous servent de guide pour prospérer au niveau commercial.

1. Confiance dans votre idée

Il est essentiel de démontrer que cette idée d'entreprise a un potentiel de rendement élevé, car cela est vital pour qu'un investisseur soit encouragé à faire ce pas en avant pour votre idée, vous devez également refléter le type de bénéfices sur lesquels vous pouvez compter pour stimuler votre entreprise, mais plus que quiconque, l'entrepreneur lui-même est celui qui doit faire confiance à l'idée d'entreprise.

Pour cette raison, le premier pas à faire est de mesurer l'impact de l'idée d'entreprise sur le marché, ceci est possible en préparant chaque détail comme si vous alliez vendre votre idée, ce type de vision aide à transmettre avec confiance chaque aspect du projet, à un niveau de confiance qui est motivant jusqu'à ce qu'ils croient en votre proposition.

2. Analyser le type de partenaires le plus approprié

Avant de penser à un partenaire, il est nécessaire d'imaginer le type de compétences et de qualités qu'il doit avoir, car cela permet de nouer une relation d'affaires appropriée, ce qui est utile à long terme pour une entreprise, car l'investisseur peut être un élément clé de l'équipe de cette idée commerciale.

Ce que la plupart des investisseurs recherchent, c'est un environnement formel pour utiliser leur argent, en plus d'être un support évolutif, pour penser directement au retour sur investissement du projet, il est donc essentiel de développer chaque idée avec responsabilité et sérieux pour que l'investisseur se connecte à ces directives.

3. Concentration sur un seul type d'investissement

Au milieu de la gestion d'une entreprise, il est fondamental que le financement provienne du même point, afin qu'il soit une source fiable de revenus, pour couvrir les besoins du projet, il doit être simplifié en chiffres, jusqu'à atteindre le niveau adéquat, pour cette raison chaque investissement futur doit avoir tous les mouvements prévus.

La planification intègre également les stratégies de marketing qui doivent être traduites en chiffres, car il faut tenir compte de chaque détail minimum pour arriver à un coût total, et il faut également veiller à ce que l'investisseur reçoive le pourcentage le plus bas possible, c'est un mélange entre le réalisme et ce qui est le mieux pour l'entreprise, en plus de prévenir les dépenses.

4. **Un plan d'affaires attrayant**

La préparation d'un plan d'affaires est plus logique, car il s'agit de la présentation et de l'évaluation de l'idée d'entreprise, de sorte que dans le secteur des affaires, l'idée d'entreprise atteint un plus grand impact, ces étapes précédentes déterminent les problèmes futurs, mesurant ainsi s'il s'agit d'une opportunité d'affaires à long terme.

Les objectifs d'un plan d'affaires sont un élément de facilitation, car c'est ainsi que l'environnement comprend la crédibilité de l'idée d'entreprise, ainsi que son rôle réalisable. C'est pourquoi, lors de la réalisation de cet outil, il convient d'avoir une vision dynamique, précise et explicative, afin de trouver les partenaires idéaux.

Les devoirs de contrôle des finances d'une entreprise

Le rôle d'un entrepreneur s'étend pour assumer de plus en plus de fonctions, ces actions conduisent à l'obtention des premières ventes pour créer un modèle durable, pour atteindre cela, vous pouvez incorporer certaines références de la quantité d'argent qui a été dépensé, et le revenu, il arrive à ne pas perdre le nord du sujet.

Le contrôle des aspects financiers, se manifeste lorsque les aspects clairs et attractifs des chiffres sont reconnus, pour mesurer le côté réalisable d'une entreprise avec les étapes suivantes :

1. Application organisationnelle à l'aide d'Excel

Tout le monde peut penser au chaos quand on mentionne Excel, mais c'est un outil très précieux, ainsi vous pouvez concevoir l'échelle d'un produit, il est basé sur une conception pro par les chiffres, cette ressource est un grand allié dans le monde des affaires, ainsi pour commencer vous pouvez créer des modèles financiers qui conviennent à votre entreprise.

2. Interprétation des chiffres pour prendre des décisions

Avant toute démarche liée à l'entreprise, la meilleure orientation est celle des chiffres eux-mêmes, car ils donnent une grande clarté sur ce qu'implique chaque décision, ainsi que sur le type de résultats générés par le démarrage de l'entreprise. Les informations financières sont un excellent conseiller dans tous les sens du terme.

La première chose à inclure sur cette information est les ressources disponibles, car cela marque une limite en soi, permettant à chaque allocation d'être cohérente avec ce qui est permis, à cela s'ajoute l'estimation des finances personnelles, car au début toutes les ressources sont investies, et il est vital de couvrir les fins de mois.

La gestion de vos propres ressources, vous aide à être un expert avec les éléments disponibles de l'entreprise, au début une aide est nécessaire pour ce point, ainsi qu'une émission de factures pour documenter chaque étape et ce que cela coûte pour y arriver, il faut partir du principe que chaque choix génère ou dépend d'un coût.

- **Prise en compte des ressources disponibles**

Connaître la disponibilité des ressources est une action quotidienne, car c'est un indicateur de ce qui peut être fait, c'est un rapport de santé de l'entreprise, car c'est le moyen de détecter chacun des mouvements financiers de l'entreprise, c'est une activité de routine avec laquelle vous devez vous familiariser.

Savoir si une entreprise peut joindre les deux bouts ou non, ainsi que remplir ses obligations, peut être connu en ayant un suivi du compte, qui aide à travailler sur la base de ce montant ponctuel.

- **La boîte à outils**

Dans le monde de la trésorerie, il est indispensable que les liquidités puissent être contrôlées au point de couvrir les imprévus, ce type de gestion permet de créer une boîte pour résoudre divers problèmes spécifiques, c'est une création que l'on appelle une bouée de sauvetage, sans perdre de vue que la dynamique à suivre est de vendre, collecter et contrôler chaque dépense.

De cette façon, on réalise une gestion méticuleuse d'une entreprise, car sa formation au début demande beaucoup d'efforts, mais si à cela s'ajoute une négligence avec la partie financière, elle ne deviendra pas rentable comme prévu, au-dessus d'être la meilleure idée d'entreprise, cela fait qu'il est nécessaire de réaliser ces étapes.

www.ingramcontent.com/pod-product-compliance
Lightning Source LLC
Chambersburg PA
CBHW070437220526
45466CB00004B/1711